Familija Darling jetonte në një shtëpi t[illegible]ej nga prindërit, vajza e madhe Uendi, dy[illegible]ni e Majkëlli dhe qeni Nana.

Një mbrëmje një djalë i vogël i çuditshëm, hyri nga dritarja duke fluturuar. Zonja Darling shtangu dhe lëshoi një ulërimë. Përnjëherësh, qeni Nana u hodh mbi të sapoardhurin e vockël, por mundi të mbërthente vetëm hijen e djalit që u largua. Hijen e shkëputur nga djali fluturues, zonja Darling e fshehu në një sirtar të komodinës. Djaloshin e vockël fluturues e shoqëronte një zanë krahë lehtë që e quanin Tringëllimë. Ajo e diktoi se ku zonja Darling, fshehu hijen e mikut të saj. Të nesërmen mbrëma, kur zonja dhe zoti Darling nuk ndodheshin në shtëpi, djaloshi dhe zana e vogël krahë flutur, u futën brenda në dhomën e Uendit. Uendi u zgjua dhe e pyeti djaloshin fluturues:“Kush je ti dhe ç’bën në dhomën time?”

“Unë jam Piter Pani dhe kam ardhur të marr hijen që më është shkëputur nga trupi!”, tha djaloshi.

Uendi kërkoi në sirtar hijen e shkëputur dhe e qepi në shputat e këmbëve të Piter Panit.

"Po ku janë prindërit e tu dhe nga je ti?", pyeti Uendi.
"Unë nuk e di se ku janë prindërit e mi. Nga ata u shkëputa kur isha i vogël. Kjo ndodhi një ditë kur mësova se edhe unë do të rritesha. Mua, nuk më pëlqente të rritesha, doja të mbetesha i vogël dhe prandaj u largova nga shtëpia. Shkova në ishullin Askund bashkë me gjashtë fëmijë të tjerë që kishin humbur udhët e nuk e dinin ku i kishin prindërit!", shpjegoi Piter Pani.
"A është shumë larg, ky ishulli Askund?", pyeti Uendi.
"Po! Është shumë larg që këtu! Nëse ke dëshirë ta shohësh, eja edhe ti me mua!"
"Unë mund të vij, vetëm nëse ti pranon të marrim me vete edhe dy vëllezërit e mi të vegjël, Xhonin dhe Majkëllin!", tha Uendi.
"Pranoj!", tha Piter Pani
"Po si do të shkojmë në ishullin Askund?"
"Fare thjeshtë. Duke fluturuar!"
"Duke fluturuar? Por unë dhe vëllezërit e mi, nuk mund të fluturojmë!", tha Uendi.
"Do t'i marrim ca xixa magjike, mikeshes time, zanës Tringëllimë dhe nga xixat magjike do të fluturoni edhe ju!" tha Piter Pani.
Uendi dhe dy vëllezërit e saj të vegjël, u pudrosën me pluhurin xixëllues dhe pas pak, bashkë me Piter Panin dhe zanën krahë lehtë, fluturuan në qiell.

Piter Pani dhe miqtë e tij u endën një kohë të gjatë mbi pyje, male e detra dhe më në fund, u shfaq ishulli Askund. Kur po zbrisnin në ishull, Xhoni i vogël, dalloi një anije në ujrat e detit dhe pyeti Piter Panin:
"E kujt është ajo anija, aty poshtë?"
"Ajo është anija e armikut tim të betuar, Kapiten Grepçit! Ai dhe detarët e tij janë piratë të këqinj! Për të mos na kapur ai dhe piratët e tij, ne na duhet të fshihemi e të jetojmë nëpër guvat e nëndheshme."

“Ca kohë ne u përleshëm me njëri tjetrin dhe unë kur e qëllova me thikën time ia këputa njërën dorë dhe ia hodha krokodilit. Ai vendosi një ganxhë në vend të dorës. Krokodili nuk i ndahet më Kapiten Grepçit e shpreson se do të shijojë edhe dorën tjetër. Kapiten Grepçi, më urren tmerrësisht dhe vërtitet këtej për të më kapur mua dhe djemtë humbakë!”
Ndërsa Piter Pani tregonte, ata pakuptuar kishin arritur në guvat e thella të shkëmbinjve të detit. Piter Pani i njohu me gjashtë miqtë e tij të vegjël që kishin humbur udhën e jetonin bashkë me të.

Një ditë Kapiten Grepçi, shërbëtori i tij besnik, Zoti Smi dhe banda e piratëve, i ndoqën fëmijët këmba këmbës. Fëmijët me shumë mundim kaluan nga njëra zgavër në tjetrën, gjersa arritën në guvën e tyre. Kapiten Grepçi ishte i xhindosur.
“Këtej rrotull janë!”, ulërinte. Ai nuk dinte ku të kërkonte më dhe i lodhur u ul mbi një kërpudhë gjigande. Papritmas kërceu në këmbë sikur ta kishte përvëluar diçka.
“Çfarë më dogji kështu?!, tha me vete. U përkul dhe pa se trungu kërpudhës ishte një oxhak që nxirrte tym. Ai e kuptoi se më në fund e kishte zbuluar vendin e fshehtë të Piter Panit dhe ushtarëve të tij të vegjël.

Ai u mundua të hynte nga zgavrat në trungjet e pemëve e të zbriste në guvën e fshehtë, por ato ishin shumë të ngushta për shtatin e tij të madh. Papritmas, Kapiten Grepçi dëgjoi një tingëllimë qesharake:"Tik-Tak…"
"Është krokodili!", thirri. "Ky përbindësh i mallkuar nuk më lë kurrë të qetë! Për fat të mirë, më ka ngrënë dhe orën e kështu e dëgjoj sa herë që më afrohet!"
Kapiten Grepçi dhe piratët e tij ia mbathën me të katra me sa fuqi kishin.

Në ishulli Askund, banonte edhe një fis indianësh mbi të cilin suleshin vazhdimisht piratët. Princesha e tyre, ishte një vajzë e vogël e quajtur Lili Tigresha. Një çast fëmijët duke qarë, vrapuan të kërkonin Piter Panin: "Piter… Piter! Piratët kanë rrëmbyer Lili Tigreshën!"
Kapiten Grepçi me shërbëtorin e tij besnik Smi, kishin lidhur në barkën e tyre princeshën indiane e nxitonin drejt anijes së piratëve.
Befas, Piter Pani u shfaq fluturimthi, preu litarët që kishin lidhur Lili Tigreshën dhe bashkë me të fluturoi lart në qiell. Kapiten Grepçi u përpoq ta qëllonte Piter Panin me shpatën e tij, por nuk e arriti dot.
"Do të ma paguash, Piter Pan!", ulërinte i tërbuar nga inati. Por u detyrua të urdhëronte shërbëtorin e tij të voziste me shpejtësi drej anijes sepse krokodili Tik-Tak, po ndiqte varkën.
"Shpejt, shpejt, Zoti Smi! Nuk dua të mbetem në dhëmbët e këtij përbindëshi të uritur!"

Piter Pani e dërgoi Lili Tigreshën në ishull. Kryetari i fisit të indianëve nuk dinte si ta falenderonte që kishte shpëtuar princeshën e tyre. Indianët i dhanë fjalën Piter Panit se do të ruanin guvat e fshehta të Piter Panit dhe të fëmijëve nga sulmet e piratëve.
Ndërkohë Kapiten Grepçi, zbarkoi në ishull me piratët e tij për të rrëmbyer kalamajtë. Indianët i diktuan piratët dhe filluan të përlesheshin me ta.
“Mos dilni jashtë shpellës, fëmijë! Indianët, kur të hedhin në det piratët, do t’u bien tam-tamit të fitores. Nëse e dëgjoni daullen, mund të dilni pa frikë! Unë ndjehem i lodhur dhe do të shtrihem!”, tha Piter Pani.
Kapiten Grepçi atë çast qëndronte fshehur pas një trungu dhe e dëgjoi se çfarë tha Piter Pani. Pas pak urdhëroi shërbëtorin e tij, zotin Smi, t’i binte daulles. Fëmijët kur dëgjuan tam-tamet, menduan se indianët e kishin fituar betejën e dolën të gëzuar nga guvat ku ishin fshehur dhe befas, ranë në duart e piratëve.

Piratët i dërguan fëmijët tek anija e tyre. Piter Pani flinte në gjumë të rëndë. Zana Tringëllima e zgjoi nga gjumi dhe i shpjegoi se çfarë kishte ndodhur.
Ndërkohë Kapiten Grepçi i kishte grumbulluar fëmijët me në një qoshk të anijes, ndërsa Uendin e kishte lidhur tek direku i anijes.
“Kaloi kaq kohë dhe Piter Pani nuk po guxon të duket”, tha Kapiten Grepçi. Në atë kohë, Piter Pani e mposhti gjumin.
“Shkojmë! Nuk duhet të humbasim më asnjë çast”, i tha Zanës Tringëllimë.

Befas Grepçi dëgjoi trokitjen që e tmerronte:
"Tik-tak, tik-tak!"
"Oh, jo… Ndihmë!", tha me ulërimë dhe i urdhëroi piratët të formonin një rreth përqark tij e ta mbronin. Por, ata, piratët, e kuptuan se ishte Piter Pani që kishte imituar tik-takun e krokodilit dhe nuk dinin ku të futeshin. Piter Pani përfitoi nga paniku që kishte pushtuar anijen dhe çliroi Uendin dhe djemtë. Pastaj nisi të përleshej me kapiten Grepçin. Ai ishte shumë më i shpejtë dhe më i shkathët se pirati. Kapiten Grepçi e vërtiste shpatën nga të gjitha anët, por nuk e godiste dot Piter Panin që i sillej përqark e i dilte, herë para, herë prapa e herë anash. Duke ndjekur njëri tjetrin ata u gjendën mbi një dërrasë që Kapiten Grepçi e kishte vendosur për të flakur fëmijët në det. Piter Pani u mënjanua një çast dhe Grepçi humbi ekuilibrin e ra në thellësi të detit. Aty e priste krokodili i vërtetë. Kapiteni përpiqej të shpëtonte, por krokodili e ndiqte pas. Askush nuk e ka parë më që atëherë.

Pasi pushuan goxha dhe nuk ndjenin më lodhje, Uendi, Xhoni dhe Majkëlli i kërkuan Piter Panit që t'i rikthente në shtëpi.
"Na ka marrë shumë malli për prindërit!", tha Uendi. Pas pak shtoi: "Edhe fëmijët e tjerë të ishullit Askund mund të vijnë e të qëndrojnë në shtëpinë tonë. Jam e bindur se prindërit tanë do t'i pranojnë me kënaqësi!"
Piter Pani pranoi, edhe pse ndarja nga miqtë e tij e trishtonte. Ata fluturuan drejt shtëpisë së Darlingve. Uendi dhe dy vëllezërit e saj hynë nga dritaret dhe zgjuan nga gjumi prindërit e tyre. Sa u befasuan prindërit nga tregimet e Uendit. Ata u menduan një çast dhe pastaj pranuan që edhe fëmijtë e tjerë të ishullit Askund të bëheshin pjesë e familjes së tyre. Vetëm Piter Pani nuk qëndroi. Atij i pëlqente të endej në ishullin Askund.
Piter Pani përshëndeti miqtë e tij dhe u premtoi se do të kthehej që t'i takonte herë pas here. Pas pak ai fluturoi bashkë me mikeshën e tij, zanën e vogël Tringëllimë.